FRISCH VON DER ANGEL

FRISCH VON DER ANGEL

Die besten Outdoor-Fischrezepte

*Ausgesucht und zusammengestellt
von C. Sträb*

KOSMOS

INHALT

Know How

Rezepte

FRISCH VON DER ANGEL

Wer wüsste das nicht: Frisch zubereitet schmeckt Fisch am allerbesten! Also rechtzeitig den schönen Angeltag beendet und hastig die Siebensachen zusammen gepackt, um den Fang am heimischen Herd oder in der überfüllten Campingplatz-Küche zu verarbeiten? Oder um ihn – Frische ade – schnell in den Kühlschrank oder gar die Tiefkühltruhe zu packen?

Es geht auch anders! Hier finden Sie zahlreiche Vorschläge, wie Sie frisch gefangenen Fisch mit einfachsten Mitteln und selbst gesammelten Zutaten im Freien in eine Köstlichkeit verwandeln. Ob Fisch am Stock, geschnürt oder geräuchert – für jeden Geschmack ist etwas dabei! Freunde mehrgängiger »Menüs« erfahren außerdem, mit welchen wild wachsenden Gewürzkräutern, Pilzen und Beeren sich das Mahl um köstliche Salate und Nachspeisen ergänzen lässt. Ihrem Einfallsreichtum und Ihrer Experimentierfreude sind keine Grenzen gesetzt.

Dies ist kein Spezialbuch für eingefleischte Forellen-, Hecht- oder Aalliebhaber. Bewusst allgemein gehalten, passen die Rezeptvorschläge zu jedem Fisch und lassen Spielraum für eigene Kreativität. Gewürze, Füllungen und Zutaten können nach persönlichen Vorlieben weggelassen, ergänzt oder ausgetauscht, die verwendeten Mengen müssen dem eigenen Geschmack und natürlich der zubereiteten Fischmenge angepasst werden. Grundsätzlich gilt: Lieber nachwürzen als versalzen! Wenn Sie den erfolgreichen Angeltag gemütlich unter freiem Himmel ausklingen lassen wollen, ohne auf eine köstliche Mahlzeit verzichten zu müssen, liegen Sie mit diesen cleveren Outdoor-Fischrezepten goldrichtig.

GRUNDAUSSTATTUNG FÜR OUTDOOR-KÖCHE

Diese Minimal-Ausstattung findet sicher noch einen Platz in Ihrem Kofferraum. So sind Sie für ein spontanes Fischgrillfest jederzeit und überall bestens gerüstet.

Klappgrill
Holzkohle
Kohleanzünder
Feuerzeug/Streichhölzer
Grillrost
Grillzange
Alufolie
Papiertücher
Schneidbrett
scharfes Messer
Pfadfinder-Besteck
Pfeffer, Salz, Zitrone und Öl in
dicht schließenden Gefäßen

TIPP
Ein prima Feueranzünder ist die aufgeplatzte dünne Haut der Birkenrinde. Sogar bei feuchtem Wetter brennt sie wie Zunder.

Darüber hinaus gibt es noch einige Dinge, die Sie nicht zwingend brauchen, die aber sehr nützlich sein können, wenn Sie Spaß am Outdoor-Kochen bekommen haben.

KLAPPSPATEN – zum Ausheben einer Grube für eine offene Feuerstelle.

KLAPPSÄGE – ein praktisches Werkzeug zum Zerkleinern des Feuerholzes.

ALTE PFANNE – um den Fisch direkt über dem offenen Feuer zu braten.

GRILLKORB – das ideale Gerät, um Fische über dem Feuer zu drehen und zu wenden, ohne dass sie auseinander fallen.

ALUSCHALE – darin können Sie zubereiten, grillen und servieren.

EINMALGRILL – Grillschale, die richtige Menge Kohle, Rost, alles komplett verpackt zum einmaligen Gebrauch. Die praktische, allerdings weniger umweltfreundliche Alternative zu Klappgrill und Holzkohle

KOMPAKTRÄUCHERGERÄT – verwandelt Ihren Fang an Ort und Stelle in »Räuchergold«.

FINNISCHER RÄUCHERSACK – klein und handlich, fragen Sie in Ihrem Angelfachgeschäft.

BESTIMMUNGSBÜCHER – helfen Ihnen, die richtigen Zutaten selbst zu sammeln.

GEWÜRZE AUS DER NATUR

Salz, Pfeffer, Zitrone – die Basics für Ihren Fisch. Aber hätten Sie nicht Lust auf einen etwas anderen Geschmack? Dann bedienen Sie sich doch mal direkt bei der Natur. Hier einige Beispiele, welche Kräuter aus Ihrem Fisch etwas ganz Besonderes machen.

BÄRLAUCH
Frühlingsfrischer Knoblauchersatz. Nur Blätter von noch nicht blühenden Pflanzen verwenden (April, Mai). Vorkommen: Laub-, Misch-, Auwälder, Gebüsche

THYMIAN
Ein Hauch von Süden ... Vorkommen: Trockene Rasen, Heiden

KERBEL
Junge Blätter bringen Frühlingsgeschmack an den Fisch. Vorkommen: Wiesen, Gebüsche, Waldränder, Wege

SALBEI
Entzündungs-
hemmend –
und sehr lecker!
Vorkommen:
Trockenrasen,
Wiesen

WASSERMINZE
Falls Sie's »very
british« mögen.
Vorkommen:
Gräben, Ufer,
Brachen, Äcker

MEERRETTICH
Treibt die Tränen
in die Augen.
Tipp: Wurzel aus-
graben und fein reiben.
Vorkommen: Bachufer,
Wiesen, Wege

EIN MÄNNLEIN STEHT IM WALDE ...

Pilze sind gegrillt eine leckere Beilage und eignen sich auch als Füllung für den Fisch. Sammeln Sie aber nur die Arten, die Sie auch wirklich sicher erkannt haben.

Pfifferlinge

Riesenschirmling, Parasol

PILZE SAMMELN

Abdrehen oder abschneiden – ganz gleich welche Methode Sie verwenden, wichtig ist immer, das Pilzgeflecht im Boden nicht zu beschädigen. Transportieren Sie die Pilze in einem luftigen Korb, nicht in einer stickigen Plastiktüte.

Steinpilze   Maronen   Rotkappen

JEDE MENGE VITAMINE

Ein leckerer Salat zu gegrilltem Fisch – so ist das Menü fast schon perfekt. Aus vielen Wildkräutern lassen sich leckere Salate zubereiten. Ein Dressing zaubern Sie aus den Grundzutaten Zitrone, Öl, Pfeffer und Salz.

SPITZWEGERICH
Was gegen Husten hilft, kann im Salat nicht schaden.
Vorkommen: Wiesen, Weiden, Wege, Ödland

LÖWENZAHN
Je jünger die Blätter, desto milder.
Vorkommen:
Rasen, Wiesen, Ödland, Äcker, Gärten, Wälder

GÄNSEBLÜMCHEN
Die Blütenköpfchen sind
ein leckerer Blickfang.
Vorkommen: Fettwiesen,
Weiden, Rasen, Wegränder

SAUERAMPFER
Erfrischend säuer-
lich – aber nicht zu
viel davon ver-
wenden.
Vorkommen:
Wiesen, Ufer,
Kiesbänke, Wege

BRUNNENKRESSE
Würziger Kressegeschmack für
Ihren Salat.
Vorkommen: Bäche, Gräben, Ufer

NACHTISCH PASST IMMER REIN

Nach einem guten Essen ist ein Nachtisch der krönende Abschluss. Feld, Wald und Wiese versorgen Sie mit vielen Leckereien.

TIPP
Mit etwas Zitronensaft und Zucker wird daraus ein leckerer Beerensalat – noch edler mit etwas Sahne. Nüsse geben Ihrem Nachtisch den richtigen Biss, lassen sich aber auch zum Füllen von Fisch verwenden.

Walderdbeeren

Himbeeren

Heidelbeeren

Brombeeren

ENTSCHUPPEN UND AUSNEHMEN

Bevor der Fisch auf den Grill kommt, müssen Schuppen und Innereien entfernt werden.

Entschuppen   Viele Fische müssen vor der Zubereitung entschuppt werden. Wischen Sie zunächst die Schleimschicht vom Fischkörper. Dann feuchten Sie den Fisch etwas an und halten ihn am Schwanz fest. Nehmen Sie ein Tuch zu Hilfe, um nicht abzurutschen. Vom Schwanz in Richtung Kopf kratzen Sie nun die Schuppen mit einem Entschupper, einem Löffel oder dem Messerrücken ab. Halten Sie dabei Abstand zum späteren Koch- und Essplatz, denn die Schuppen verteilen sich in alle Richtungen. Zum Schluss den Fisch noch einmal abspülen und abtrocknen.

Ausnehmen Mit einem flach geführten scharfen Messer schneiden Sie den Körper vom After bis zu den Kiemen auf. Trennen Sie die Speiseröhre möglichst nah am Maul ab. Die Innereien werden zum Schwanz hin herausgezogen und am After abgeschnitten. Je nach Art müssen Sie jetzt noch Schwimmblase und Nieren entfernen – am besten streifen Sie sie vorsichtig mit dem Daumennagel heraus. Dann den Fisch gründlich ausspülen.

FILETIEREN

Fisch ohne Gräten – aber viel leckerer als Fischstäbchen. Das Filetieren grätenarmer Fische ist mit etwas Übung gar nicht so schwer.

Den ausgenommenen Fisch direkt hinter dem Kopf bis auf das Rückgrat einschneiden.

Entlang des Rückgrats, parallel zu den Gräten, vom Kopf bis zum Schwanz einige Zentimeter tief einschneiden.

Mit dem flach geführten Messer von
hinten nach vorne das Filet von den
Gräten trennen.

Vom Schwanzende her das Fleisch
von der Haut lösen.

GARZEITEN

Durchgegart, doch immer noch zart und saftig – so gelingt's.

Zartes Fischfleisch wird schnell gar. Deshalb sollten Sie beim Zubereiten immer dabei bleiben und regelmäßig kontrollieren, ob Ihr Fang schon genießbar ist. Machen Sie die Garprobe: Wenn Sie mit einer Gabel am Rücken des Fisches einstechen, soll sich das Fleisch leicht von der Wirbelsäule lösen lassen.

RÄUCHERREGEL
Für das Räuchern können Sie sich folgende Faustregel merken: Pro Zentimeter Rückenbreite des Fisches fünf Minuten Räucherzeit. Lässt sich die Bauchflosse leicht herausziehen, ist der Fisch gar.

Garzeiten für Fische auf dem Rost oder in der Pfanne.

	Gewicht/Dicke	1. Seite	2. Seite
Ganzer Fisch	bis 1 kg	6 min	4 min
	über 1–1,5 kg	10 min	8 min
Filets und Steaks	bis 2 cm	3 min	2 min
	2–3 cm	5 min	3 min

Die Garzeiten für in Alufolie gewickelte Fische auf dem Rost erhöhen sich um etwa ein bis zwei Minuten. Schauen Sie dazwischen aber immer wieder mal nach. Wenn Sie Fisch in Alufolie dagegen direkt in die Glut legen, verkürzen sich die Garzeiten etwas. Auch hier gilt: Ab und zu nachschauen.

DER OUTDOOR-RÄUCHEROFEN ZUM SELBERBAUEN

Die Tom Sawyer-und-Huckleberry Finn-Räuchermethode von Jürgen Lorenz.

leere möglichst
große Dose
Weidenstock
ca. 1 m lang
Birkenzweige

Deckel und Boden der Dose zu $4/5$ öffnen und nach außen biegen. Dose im Feuer ausbrennen, um evtl. Innenbeschichtung zu entfernen. Währenddessen aus feinen Birkenzweigen ein Gitter flechten, das in die Dose passt und auf das später der Fisch gelegt wird. Den Weidenstock an einem Ende einschlitzen und die ausgebrannte Dose daran befestigen.

RÄUCHERHOLZ

Entscheidend für den Geschmack beim Räuchern ist das richtige Holz.

Die einfachste Methode ist natürlich, sich eine kleine Portion Räucherspäne oder –mehl zu kaufen und immer dabei zu haben. Was aber, wenn der Dosen-Räucherofen ganz spontan zum Einsatz kommen soll? Das geht dann so:
Verwenden Sie frische Zweige, die Sie zunächst entrinden. Spalten Sie das Holz entlang der Maserung so fein wie möglich und zerhacken Sie diese Späne in möglichst winzige Stückchen.

Um geräuchertem Fisch eine besondere Geschmacksnote zu geben, können Sie dem Räucherholz Kräuter beimischen. Gut passen z.B. Wacholderbeeren, Salbei und Dill. Oder experimentieren Sie mit frischen selbst gesammelten Kräutern.

RÄUCHERN IN DER DOSE

Sie haben sich den Outdoor-Räucherofen gebastelt und Holz zerkleinert. Und wie funktioniert nun das Ganze?

Unten in die Dose füllen Sie das selbst geschnittene oder mitgebrachte Spanmaterial. Legen Sie den Fisch auf das Birkengitter und schieben Sie es der Länge nach in die Dose. Wichtig ist, dass der Fisch die Dose an keiner Stelle berührt. Die beiden Enden der Dose werden jetzt mit Alufolie verschlossen. Von der Wand der Dose sollte dabei möglichst viel unbedeckt bleiben. Lassen Sie an einer Stelle eine kleine Öffnung, durch die Rauch und Feuchtigkeit abziehen können. Jetzt halten Sie den gefüllten Räucherofen am Weidenstock über das Lagerfeuer. Die Räucherspäne sollen kräftig glimmen, dürfen aber nicht entflammen.

FISCH SALZEN
Bevor Sie den Fisch räuchern, muss er gesalzen werden. Wie das geht, lesen Sie auf S. 48.

FISCH AM STOCK

Das klassische Grundrezept für jeden Outdoor-Fischkoch.

Zitrone
Pfeffer
Salz

fingerdicker
Stock

Den ausgenommenen Fisch mit Zitrone säuern, salzen und mit etwas Pfeffer würzen. Einen fingerdicken Stock am Ende schälen und den Fisch von der Schwanzwurzel her aufspießen. Über der Glut grillen.
Es ist wichtig, dass der Fisch am Stock einen guten Halt hat. Es wäre doch schade, wenn Ihr Abendessen in der Asche landet ... Verwenden Sie für diese Methode auch nur kleinere Fische . Ein großes Exemplar würde wegen seines hohen Eigengewichts unweigerlich vom Stock fallen. Zusätzlichen Halt gibt ein kurzer Seitenast am Stock, der von innen die Flanken stützt.

FISCH IN FOLIE

Eine sanfte Garmethode, für die Sie nicht einmal unbedingt einen Grillrost brauchen.

Zitrone
Salz
Pfeffer
Kräuter, z.B. Kerbel,
Thymian, Estragon,
Dill oder Knoblauch

Alufolie

Den gesäuberten Fisch mit Zitrone, Salz und Pfeffer würzen. Den Bauch mit frischen Kräutern füllen. Schauen Sie sich doch einmal um, was rund um den Grillplatz wächst! Den Fisch fest in zwei Lagen Alufolie einwickeln und auf den Rost oder an den Rand der Glut legen. Zwischendurch wenden und mal reinschauen, ob der Fisch schon gar ist (S. 23).

VARIATION
Sie können den Bauch des Fisches auch mit fein geschnittenem Gemüse, Zwiebeln, Nüssen oder Pilzen füllen. Knoblauch können Sie durch selbst gesammelten Bärlauch ersetzen.

GEBRATENER FISCH

Der Fisch brutzelt in einer alten Pfanne direkt über dem Feuer – Abenteuer-Romantik pur.

Zitrone
Pfeffer
Salz
Öl

Pfanne

Die Pfanne auf drei Steinen über ein kleines Feuer oder in die heiße Glut stellen. Öl in die Pfanne geben und heiß werden lassen. Dann den gesäuerten und gewürzten Fisch hineinlegen und von beiden Seiten anbraten.

TIPP
Besonders stilecht und am besten geeignet ist eine schwere gusseiserne Pfanne. Eine alte Pfanne aus der Küche, die eine Rußschicht nicht übel nimmt, tut es aber auch – es dürfen nur keine Kunststoffteile daran sein. Vorsicht: Metallgriffe werden sehr heiß!

HONIGFISCH

Klingt ungewöhnlich, schmeckt aber sehr würzig und hätte vielleicht sogar Pu, den Bären, auf den Fischgeschmack gebracht.

Honig
Senf
Zwiebel
Öl

Alufolie

Zwiebeln ganz fein hacken. Mit Honig und Senf zu einer Paste vermischen. Verwenden Sie dabei doppelt so viel Senf wie Honig. Die Paste können Sie gut auch schon vor dem Angelausflug vorbereiten. Den Fisch innen leicht salzen und mit der Paste füllen. Von außen mit Öl bestreichen und in Alufolie wickeln. Ab damit auf den Grill.

FISCH IM WHISKEYHAUCH

Die schottischen Highlands lassen grüßen.

Speck
Zitrone
Salz
Öl
Whiskey

Zahnstocher

Fisch säuern und nur ganz leicht salzen. Etwas fein gewürfelten Speck in die Bauchhöhle füllen und den Schnitt mit einem Zahnstocher verschließen. Den Fisch von außen mit Öl bestreichen und auf den Grill legen. Während des Grillens immer wieder mit Öl und Whiskey beträufeln und ab und zu wenden.

PROVENZALISCHE FORELLE

Ein Rezept für den Grillkorb – der natürlich nicht nur mit Forellen funktioniert

Knoblauch
Rosmarin
Salbei
glatte Petersilie
ganze Zitrone
Salz
Öl

Grillkorb

Den Fisch von innen salzen und in den Korb legen. Die Flanke mit Knoblauch- und halben Zitronenscheiben, Rosmarin, Petersilie und Salbei belegen. Den Grillkorb schließen, umdrehen und die andere Seite genauso belegen. Während des Grillens den Fisch immer wieder wenden und mit etwas Öl beträufeln.

GESCHNÜRTER FISCH

Ein Trick, der Ihren Fang davon abhält, auf dem Rost zu zerfallen.

Möhren
Nüsse
Petersilie
Knoblauch
Olivenöl
Zitrone
Pfeffer
Salz

Küchengarn

Möhren in ganz kleine Würfel schneiden oder raspeln. Nüsse, Petersilie und Knoblauch hacken. Alles mit etwas Olivenöl zu einer Paste vermengen und mit Pfeffer würzen. Die Paste können Sie auch schon zuhause zubereiten und in einem verschließbaren Gefäß mitnehmen.
Den Fisch innen mit Zitrone beträufeln, salzen und dann mit der Paste füllen. Zudrücken und mit dem Küchengarn über Kreuz zuschnüren. Bevor das »Päckchen« auf den Grill kommt, mit etwas Olivenöl bestreichen.

TIPP
Den Trick mit den Küchengarn können Sie immer dann anwenden, wenn Sie befürchten, dass der Fisch auseinanderfallen könnte. So geben Sie auch dem Fisch am Stock (S. 30) besseren Halt.

ITALIENISCHES FILET

Mit Tomaten und Oregano – schmeckt nach Bella Italia.

Tomaten
Zwiebeln
Knoblauch
Oregano
Zitrone
Pfeffer
Salz
Olivenöl

Alufolie

Tomaten, Zwiebeln und Knoblauch würfeln. Die Alufolie großzügig mit Olivenöl bestreichen. Tomaten, Zwiebeln und Knoblauch auf der Alufolie verteilen, mit Oregano – frisch oder getrocknet – bestreuen. Fisch filetieren und auch die Haut entfernen. Das Filet auf das »italienische Bett« legen und die Alufolie darüber dicht verschließen. Auf den Grill damit!

NICHT WENDEN
Feines Filet auf einem Gemüsebett müssen Sie auf dem Grill nicht wenden. Die Hitze, die durch das Gemüse dringt, reicht, um das Fleisch zu garen. Es bleibt ganz zart und saugt sich mit köstlichen Aromen voll.

FISCHSPIESS MIT PILZEN

Ein Rezept, das sich mit unterschiedlichen Gemüsen an Stelle von Pilzen endlos variieren lässt.

Pilze
Zwiebel
Baguette
Paprikapulver
Zitrone
Salz
Pfeffer
Öl

Holzspieße
Alufolie oder
Alugrillschale

Die Hüte der Pilze je nach Größe halbieren oder vierteln. Das Baguette in Scheiben und diese in Viertel schneiden. Den Fisch filetieren, in Stücke schneiden und leicht mit Zitrone beträufeln. Abwechselnd Fischstücke, Champignons und Brot – unbedingt durch die Kruste stechen – auf die Holzspieße stecken. Dann mit Pfeffer, Salz und Paprika bestreuen und mit Öl bestreichen. Auf Alufolie oder in der Alugrillschale auf den Rost legen. Mehrmals wenden und immer wieder mit Öl beträufeln.

VORBEREITUNG FÜR DAS RÄUCHERN

Um den frisch gefangenen Fisch gleich an Ort und Stelle zu räuchern, müssen Sie etwas Geduld aufbringen. Aber vielleicht geht Ihnen während der Wartezeit ja noch ein weiterer Fisch an den Haken.

gesättigte Salz-lösung: 250–330 g Salz pro Liter Gewürze nach Belieben, z.B. Wacholderbeeren, Lorbeerblatt, Thymian, Salbei oder Dill

große Schüssel mit Deckel

Nassverfahren Die Salzlösung – mit oder ohne Gewürze – können Sie schon zu Hause zubereiten und in einem gut schließenden Gefäß mitnehmen. Rechnen Sie etwa 1,5 Liter Lake pro Kilogramm Fisch. Den Fisch entschuppen Sie, nehmen ihn wie üblich aus und entfernen auch die Kiemen. Dann kommt er für 1,5 bis 2 Stunden in die Salzlösung. Abdecken und in den Schatten stellen. Danach herausnehmen, gründlich abspülen und zum Trocknen aufhängen. Ist die Haut ledrig geworden, können Sie mit dem Räuchern beginnen.

Salz oder Räuchersalz
Gewürze
flache Schale

Trockenverfahren Sie können Fische auch trocken salzen. Dazu bedecken Sie den Boden einer flachen Schale mit Salz und legen die gesäuberten Fische hinein. Reiben Sie Bauchhöhle und Flanken gut mit Salz ein. Das Salz können Sie vorher wieder mit Gewürzen nach Belieben mischen. Auch hier braucht es wieder 1,5 bis 2 Stunden Geduld. Dann die Fische gründlich abwaschen und trocknen lassen, bevor sie geräuchert werden.

GERÄUCHERTE FISCHSPIESSE

Gut geeigent für größere Exemplare, die sich filetieren lassen, aber nicht im Ganzen in den Räucherofen passen.

Fischfilets
Zwiebeln
10 Wacholderbeeren
1 Bund Thymian
Salz
Holzspießchen
Kompakträucher-
gerät oder
Dosen-Räucherofen
Räuchermehl aus
Erle
Alufolie

Fischfilets in Würfel schneiden und abwechselnd mit Zwiebelstücken auf die Spießchen stecken. Wacholderbeeren leicht anquetschen, den Thymian abzupfen – einen Zweig beiseite legen - und mit dem Salz mischen. Die Spieße mit dem gewürzten Salz einreiben und 1 Stunde ziehen lassen (Trockenverfahren S. 49). Dann abwaschen und gut trocknen lassen. Über Erlenholz und Thymianzweig werden die Spieße nun 10–12 Minuten geräuchert. Damit kein Fischsaft in die Späne tropft, die Spieße auf Alufolie legen.

TIPP
Ein besonderer Spaß: Jeder Hungrige bekommt einen eigenen Dosen-Räucherofen (siehe S. 24) und kann sich seinen Spieß selbst räuchern.

STOCKBROT

Nichts geht über frisch gebackenes Brot. Draußen? Kein Problem!

250 g Mehl
1/2 Beutel
Trockenhefe
1/2 TL Salz
100-150 ml Wasser

fingerdicker Stock

Aus den Zutaten einen geschmeidigen Teig kneten. Das können Sie schon zuhause vorbereiten oder aber die Zutaten erst an Ort und Stelle mischen, wenn der erste Fisch am Haken zappelt. Der Teig muss etwa eine Stunde gehen, bis sich sein Volumen verdoppelt hat – etwas länger schadet aber auch nicht.

Vom Teig knapp faustgroße Portionen abnehmen, zu einer daumendicken Wust ausrollen und spiralförmig um einen Stock wickeln. Über dem Feuer langsam ausbacken, bis es schön aufgegangen ist und sich eine braune Kruste gebildet hat.

VARIATION
Fein gehackte Kräuter –
z.B. Thymian oder frischen
Bärlauch – oder Nüsse mit
in den Teig kneten.

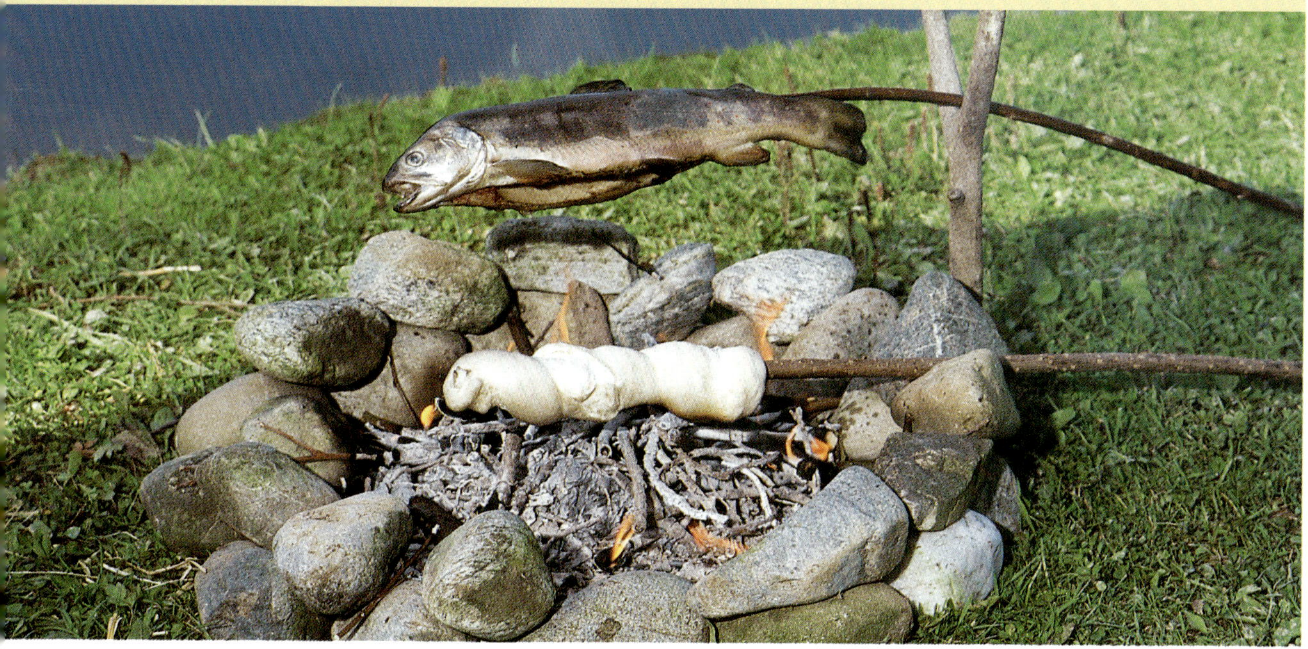

FOLIENKARTOFFELN

Die Vorarbeit können Sie auch schon zu Hause leisten.

Kartoffeln
Öl
Salz
Kümmel

Alufolie

Jede Kartoffel einzeln in Alufolie wickeln. Streichen Sie die Folie vorher mit etwas Öl ein, damit die Kartoffeln nicht daran kleben bleiben. Vor dem Einwickeln noch mit etwas Salz und Kümmel bestreuen. Die eingepackten Kartoffeln an den Rand der Glut legen. Nach 20–30 min – je nach Größe, einfach mal mit dem Messer reinpiksen – sind die Knollen gar.

VARIATION
Statt Kümmel können Sie auch frische Kräuter und Gewürze wie z.B. Thymian, Koriander oder Salbeiblätter mit den Kartoffeln zusammen in die Folie wickeln.

SICHERHEIT

Beim Umgang mit offenem Feuer ist es selbstverständlich, dass Sie auf Sicherheit für sich, andere und die Umwelt achten.

Für ein offenes Lagerfeuer heben Sie zunächst eine flache Mulde aus, die mit einem Kreis aus dicken Steinen umgeben wird. So bleibt das Feuer auf einen engen Bereich begrenzt. Bevor Sie das Feuer entzünden, müssen Sie alles leicht brennbare Material wie trockenes Laub oder Nadeln in der Nähe der Feuerstelle entfernen.
Achten Sie auch auf die Umgebung, in der Sie Ihr Feuer entfachen wollen. In Wäldern oder in deren unmittelbarer Nähe ist es ohnehin nicht gestattet, außerhalb ausgewiesener Grillplätze am offenen Feuer zu kochen. Denken Sie auch an den Funkenflug und beachten Sie die Windrichtung! Lassen Sie das Feuer ganz ausbrennen, bevor Sie die Grillstelle verlassen. Es genügt nicht, dass keine Flammen mehr zu sehen sind, auch die Glut

muss vollständig erloschen sein. Das Feuer könnte sonst beim nächsten Windzug wieder auflodern.

Als Angler werden Sie sicher in der Nähe der Angelstelle grillen. Dann ist auch das Wasser nicht weit, mit dem es sich empfiehlt, das Feuer zu löschen, bevor Sie sich auf den Heimweg machen. Aber Vorsicht: Es könnte sich beim Löschen Wasserdampf bilden, an dem man sich verbrennen kann. Auch wenn Sie einen Holzkohlegrill verwenden, muss die Glut erloschen sein, bevor Sie die Grillstelle räumen. Wenn Sie die Asche an Ort und Stelle zurücklassen, vergewissern sie sich vorher gründlich, dass wirklich keine Glut mehr darunter versteckt ist. Auch hier ist es sinnvoll, zur Sicherheit mit Wasser zu löschen.

RECHTLICHE ASPEKTE

Sowohl das Angeln als auch das Feuermachen sind in Deutschland gesetzlich geregelt.

Angeln darf in Deutschland nur, wer einen Fischereischein besitzt. Das Recht, in einem bestimmten Gewässer zu angeln, erwerben Sie sodann mit dem Kauf eines Berechtigungsscheines (Angelkarte) für das jeweilige Gewässer. Sie erhalten diesen Schein beim Inhaber des Fischereirechts bzw. beim Pächter des Gewässers.

Die rechtlichen Regelungen zum Feuermachen sind leider weniger übersichtlich. Überall dort, wo Grillstellen ausgewiesen sind, dürfen Sie natürlich Feuer machen. Ebenso auf privaten Grundstücken, sofern der Besitzer es erlaubt. Dabei müssen Sie aber darauf achten, dass andere Menschen nicht durch den Rauch des Feuers gestört werden.

Im Wald, auf landwirtschaftlich genutzten Flächen und in Naturschutz-
gebieten ist offenes Feuer dagegen im Prinzip verboten. Daneben gibt es
eine Reihe von Sonderregelungen, die aber leider nicht einheitlich sind.
Um auf Nummer sicher zu gehen und das gemütliche Grillen nicht ganz
plötzlich abbrechen zu müssen, sollten Sie sich im Zweifel vorher infor-
mieren. Auskunft erhalten Sie bei den Gemeindeverwaltungen, Forst-
ämtern und den unteren Naturschutzbehörden der Stadt- und Land-
kreise.

REGISTER

BILDNACHWEIS

S. 1: Eberhard Anneken; S. 16: Ralf
Roppelt (Sahara Werbeagentur) /
Kosmos; S. 25, 26 und 27: Jürgen
Lorenz. Alle weiteren 17 Fotos
wurden von Christof Salata /
Kosmos eigens für dieses Buch
angefertigt.

Farbillustrationen von Marianne
Golte-Bechtle (S. 10/11, 14/15,
16/17) und Gabriele Gossner
(S. 12/13).

IMPRESSUM

Umschlaggestaltung von eStudio Calamar unter Verwendung eines Farbfotos von Christof Salata / Kosmos.

Mit 22 Farbfotos und 20 Farbillustrationen.

Die Deutsche Bibliothek – CIP-Einheitsaufnahme
Ein Titelsatz für diese Publikation ist bei der Deutschen Bibliothek erhältlich.

© 2001, Franckh-Kosmos Verlags-GmbH & Co., Stuttgart
Alle Rechte vorbehalten
ISBN 3-440-08599-6
Redaktion: Claudia Sträb
Gestaltungskonzept: eStudio Calamar
Gestaltung und Satz: TypoDesign, Radebeul
Produktion: Heiderose Stetter, Markus Schärtlein
Printed in Czech Republic / Imprimé en République tchèque
Druck und Binden: Těšínská Tiskárna a.s., Český Těšín

Informationen senden wir Ihnen gerne zu

Bücher · Kalender · Spiele · Experimentierkästen · CDs · Videos · Seminare
Natur · Garten & Zimmerpflanzen · Heimtiere · Pferde & Reiten ·
Astronomie · Angeln & Jagd · Eisenbahn & Nutzfahrzeuge · Kinder & Jugend

KOSMOS Postfach 10 60 11
D-70049 Stuttgart
TELEFON +49 (0)711-2191-0
FAX +49 (0)711-2191-422
WEB www.kosmos.de
E-MAIL info@kosmos.de

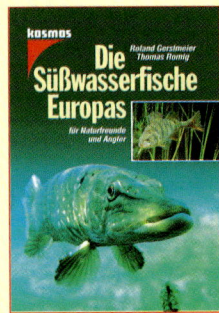